# MŒRIS ET LE DICTIONNAIRE ILLUSTRÉ DE LA LIGATURE Œ

–Quels sont les mots qui s'écrivent avec la ligature *œ* ?
–demanda *Mœris*.

## Jorge A. Rodríguez
## (JAR)
Texte et illustrations

Première édition 2007. Deuxième édition 2015.
Texte et illustrations: Jorge A. Rodríguez (JAR)
ISBN-13: 978-1511594844
ISBN-10: 1511594845
Email: jarrodriguezve@gmail.com
Facebook: Jorge A. Rodriguez Jar
Twitter: @jar_rodriguez

Tous mes *vœux*
à ceux
qui de tout *cœur*
liront cette *œuvre*
et
également à ceux
qui y jetteront seulement
*un coup d'œil*

JAR

—*Mœris ! Mœris !...* tu dois apprendre à écrire ton prénom correctement…

*Mœris* était déjà en vacances scolaires, il se sentait *désœuvré* et son *cœur* était emplit de chagrin…un *crève-cœur*. Sa mère, était très malade, elle ressentait un malaise, dont on ne se savait rien…

Ce matin il se réveilla très tôt et s'apprêta à déjeuner avec son père. Il avait déjà retiré de l'*œufrier*, les *œufs* qu'ils prépareraient pour le petit déjeuner. *Mœris* mangea du pain, un *œuf* (en forme de *cœur*) et de la viande de *bœuf*, pendant que son père mangea également du pain, des *œufs* brouillés et une salade accompagnée d'un filet d'huile *d'œillette*. Tous deux étaient disposés à se rendre à la clinique afin de visiter la mère de *Mœris*.

Ces derniers jours, on aurait dit que tout allait mal. À l'école, *Mœris* recevait des remarques et devait prêter attention, car, bien souvent il oubliait que son prénom – *Mœris*–, devait s'écrire avec la ligature *œ*. Tout comme le

Mœris Mœris Mœris Mœris Mœris Mœris Mœris
Mœris Mœris Mœris Mœris Mœris Mœris Mœris
Mœris Mœris Mœris Mœris Mœris Mœris Mœris
Mœris Mœris Mœris Mœris Mœris Mœris Mœris
Mœris Mœris Mœris Mœris Mœris Mœris Mœris
Mœris Mœris Mœris Mœris Mœris Mœris Mœris
Mœris Mœris Mœris Mœris Mœris Mœris Mœris
Mœris Mœris Mœris Mœris Mœris Mœris Mœris
Mœris Mœris Mœris Mœris Mœris Mœris Mœris
Mœris Mœris Mœris Mœris Mœris Mœris Mœris
Mœris Mœris Mœris Mœris Mœris Mœris Mœris
Mœris Mœris Mœris Mœris Mœris Mœris Mœris
Mœris Mœris Mœris Mœris Mœris Mœris Mœris
Mœris Mœris Mœris Mœris Mœris Mœris Mœris
Mœris Mœris Mœris Mœris Mœris Mœris Mœris
Mœris Mœris Mœris Mœris Mœris Mœris Mœris
Mœris Mœris Mœris Mœris Mœris Mœris Mœris
Mœris Mœris Mœris Mœris Mœris Mœris Mœris

père de *Mœris* l'avait souligné aux institutrices, lors de son entrée à l'école. De toute façon, *Mœris* avait toujours eu le doute, d'utiliser ou non, cette lettre si particulière, qu'il ne retrouvait nulle part, même pas dans l'alphabet. Il connaissait quelques mots qui s'écrivaient avec cette même lettre ; la ligature œ : *œuf, nœud, bœuf, cœur, œil, œsophage…* mais dans certains cas, ces mêmes mots étaient écrits avec le « o » et le « e » non lié… Cela l'embrouillait et l'inquiétait beaucoup.

Cette inquiétude de *Mœris,* fit qu'il commença à faire plus attention aux mots et remarqua qu'il y en avait d'autres qui s'écrivaient avec cette lettre, son intérêt pour cette ligature était tout à fait naturel, car après tout, elle y était présente dans son propre prénom…

–*Mœris !* –l'appela son père- : apporte-moi *l'œillère*, s'il te plaît !

–C'est quoi çà ?… –lui demanda *Mœris.*

–C'est le petit verre qui se trouve dans l'autre salle de bain, ce qui permet de se laver *l'œil* –dit son père.

œ œ œ œ œ œ œ œ œ œ œ œ œ œ

œ œ œ œ œ œ œ œ œ œ œ œ œ œ

œ œ œ œ œ œ œ œ œ œ œ œ œ œ

œ œ œ œ œ œ œ œ œ œ œ œ œ œ

œ œ œ œ œ œ œ œ œ œ œ œ œ œ

œ œ œ œ œ œ œ œ œ œ œ œ œ œ

œ œ œ œ œ œ œ œ œ œ œ œ œ œ

œ œ œ œ œ œ œ œ œ œ œ œ œ œ

œ œ œ œ œ œ œ œ œ œ œ œ œ œ

œ œ œ œ œ œ œ œ œ œ œ œ œ œ

œ œ œ œ œ œ œ œ œ œ œ œ œ œ

œ œ œ œ œ œ œ œ œ œ œ œ œ œ

œ œ œ œ œ œ œ œ œ œ œ œ œ œ

–*Œillère*, je pensais que tu allais te mettre *l'œillère*, c'est-à-dire le *cache-œil* qui fait partie de mon déguisement de pirate, papa. Çà se dit de la même manière… Pourquoi ? – demanda *Mæris*.

–Oui effectivement, se sont des mots qui s'écrivent et se disent de la même manière, on l'utilise également pour nommer les *œillères* des chevaux… Un mot peut, tout simplement, correspondre à différentes choses…, mais, regarde un peu dans mon *œil* ? Jettes-y un *coup d'œil*… quelque chose me dérange –dit le père.

–Je n'y vois rien de bizarre, bien que, il semble être rouge et gonflé –dit *Mæris* à son père qui continuait à se rincer *l'œil* avec *l'œillère*.

Tous deux sortirent de la maison, en route vers la clinique afin de visiter la mère de *Mæris*. Son père acheta des *œillets* pour offrir à son épouse. *Mæris*, prit les *œillets*, et ils se dirigèrent vers la clinique…

œ œ œ œ œ œ œ œ œ œ œ œ œ œ
œ œ œ œ œ œ œ œ œ œ œ œ œ œ
œ œ œ œ œ œ œ œ œ œ œ œ œ œ
œ œ œ œ œ œ œ œ œ œ œ œ œ œ
œ œ œ œ œ œ **ŒiI** œ œ œ œ œ œ
œ œ œ œ œ œ œ œ œ œ œ œ œ œ
œ œ œ œ œ œ œ œ œ œ œ œ œ œ
œ œ œ œ œ œ œ œ œ œ œ œ œ œ
œ œ œ œ œ œ œ œ œ œ œ œ œ œ
œ œ œ œ œ œ œ œ œ œ œ œ œ œ
œ œ œ œ œ œ œ œ œ œ œ œ œ œ
œ œ œ œ œ œ œ œ œ œ œ œ œ œ
œ œ œ œ œ œ œ œ œ œ œ œ œ œ

Arrivé à la clinique, *Mæris* découvrit sa mère très malade, pâle et frêle, *L'œil* assez triste et fatigué, quelque peu décoiffée avec un *accroche-cœur* retombant sur la tempe, de ceux que sa mère, de manière intentionnelle, pouvait se confectionner à l'aide de son sèche-cheveux *fœhn*. Un *accroche-cœur* sur la tempe, qui fit légèrement sourire *Mæris,* quand il le vit, cela lui sembla amusant, mais bientôt, son léger sourire s'effaça et une larme s'écoula de son *œil*.

–Qu'est-ce que tu as, maman ? –lui demanda *Mæris*.

–Je ne sais pas, personne ne le sait, ni même les médecins ne le savent, ils attendent encore des résultats – dit sa mère.

Le père de *Mæris* parlait avec les médecins et d'autres parents qui se trouvaient là, comme, une tante de *Mæris* qui était *bonne sœur*, et qui restait auprès de sa mère à la clinique, *Mæris* était inquiet et préoccupé écoutait les médecins parler…

Mœris Mœris Mœris Mœris Mœris Mœris Mœris
Mœris Mœris Mœris Mœris Mœris Mœris Mœris
Mœris Mœris Mœris Mœris Mœris Mœris Mœris
Mœris Mœris Mœris Mœris Mœris Mœris Mœris
Mœris Mœris Mœris Mœris Mœris Mœris Mœris
Mœris Mœris Mœris Mœris Mœris Mœris Mœris
Mœris Mœris Mœris Mœris Mœris Mœris Mœris
Mœris Mœris Mœris Mœris Mœris Mœris Mœris
Mœris Mœris Mœris Mœris Mœris Mœris Mœris
Mœris Mœris Mœris Mœris Mœris Mœris Mœris
Mœris Mœris Mœris Mœris Mœris Mœris Mœris
Mœris Mœris Mœris Mœris Mœris Mœris Mœris
Mœris Mœris Mœris Mœris Mœris Mœris Mœris
Mœris Mœris Mœris Mœris Mœris Mœris Mœris
Mœris Mœris Mœris Mœris Mœris Mœris Mœris
Mœris Mœris Mœris Mœris Mœris Mœris Mœris
Mœris Mœris Mœris Mœris Mœris Mœris Mœris

–C'est quoi des rayons X ?  –demanda *Mæris* à un des médecins.

–Ce sont des images, comme des photographies ; mais de l'intérieur du corps  –lui répondit un jeune médecin qui se trouvait là.

–Et pourquoi les appelle-t-on rayons x, ils ne portent pas de nom ?

–C'est leur nom : rayons x, bien qu'on les connaisse également sous le nom de rayons *rœntgen*, tout comme le nom de son inventeur : *Wilhelm Conrad Rœntgen*  –dit le jeune médecin.

–Ce n'est que de cette façon que l'on peut voir l'intérieur du corps ? –demanda *Mæris*.

–Voyons voir… –d'un air pensif-Non, ce n'est pas la seule façon, on peut également pratiquer une *cœlioscopie*, qui est une exploration médicale permettant de voir l'intérieur du corps et ainsi y jeter un *coup d'œil*.  Bon…, je dois m'en aller…  –dit le jeune médecin.

cœlioscopie cœlioscopie cœlioscopie cœlioscopie
cœlioscopie cœlioscopie cœlioscopie cœlioscopie
cœlioscopie cœlioscopie cœlioscopie cœlioscopie
cœlioscopie cœlioscopie cœlioscopie cœlioscopie
cœlioscopie cœlioscopie cœlioscopie cœlioscopie
cœlioscopie cœlioscopie cœlioscopie cœlioscopie
cœlioscopie cœlioscopie cœlioscopie cœlioscopie
cœlioscopie cœlioscopie cœlioscopie cœlioscopie
cœlioscopie cœlioscopie cœlioscopie cœlioscopie
cœlioscopie cœlioscopie cœlioscopie cœlioscopie
cœlioscopie cœlioscopie cœlioscopie cœlioscopie
cœlioscopie cœlioscopie cœlioscopie cœlioscopie
cœlioscopie cœlioscopie cœlioscopie cœlioscopie
cœlioscopie cœlioscopie cœlioscopie cœlioscopie
cœlioscopie cœlioscopie cœlioscopie cœlioscopie
cœlioscopie cœlioscopie cœlioscopie cœlioscopie
cœlioscopie cœlioscopie cœlioscopie cœlioscopie
cœlioscopie cœlioscopie cœlioscopie cœlioscopie

–Docteur, dans quel service travaillez-vous ? –demanda *Mœris.*

–Je travaille dans le laboratoire, en *Stœchiométrie* –lui répondit le jeune médecin.

–Nous devons attendre et vérifier les résultats du laboratoire –dirent les médecins –mais vous devez soigner cet *œil,* vous pourriez avoir une infection ou un *œdème* oculaire, dans le pire des cas.

–Papa… C'est quoi un *œdème* oculaire ? –demanda *Mœris.*

–Il s'agit d'une accumulation de liquides, qui provoque un gonflement –répondit un des médecins à *Mœris,* tandis qu'ils partaient.

–Papa… Qu'est-ce qu'elle a maman, qu'est-ce que les médecins ont dit ? –demanda *Mœris* à son père.

–Fils… ils ne le savent pas encore –répondit son père qui sentait son *cœur* emplit de chagrin…un *crève-cœur.*

–Tu dois garder la foi envers le *Sacré-Cœur,* nous devons réciter des *vœux,* des prières pour que ta mère se

sacré cœur   sacré cœur   sacré cœur   sacré cœur

sacré cœur   sacré cœur   sacré cœur   sacré cœur

sacré cœur   sacré cœur   sacré cœur   sacré cœur

sacré cœur   sacré cœur   sacré cœur   sacré cœur

sacré cœur   sacré cœur   sacré cœur   sacré cœur

sacré cœur   sacré cœur   sacré cœur   sacré cœur

sacré cœur   sacré cœur   sacré cœur   sacré cœur

sacré cœur   sacré cœur   sacré cœur   sacré cœur

# CŒUR

sacré cœur   sacré cœur   sacré cœur   sacré cœur

sacré cœur   sacré cœur   sacré cœur   sacré cœur

sacré cœur   sacré cœur   sacré cœur   sacré cœur

sacré cœur   sacré cœur   sacré cœur   sacré cœur

sacré cœur   sacré cœur   sacré cœur   sacré cœur

sacré cœur   sacré cœur   sacré cœur   sacré cœur

sacré cœur   sacré cœur   sacré cœur   sacré cœur

sacré cœur   sacré cœur   sacré cœur   sacré cœur

rétablisse  –dit la tante de *Mæris*, qui était *bonne sœur* et à la fois *belle sœur* du père de *Mæris*.

*Mæris*, se souvint d'un ami, qui était *enfant de chœur* et alla le voir à l'église du *Sacré-Cœur*. Après lui avoir raconté dans quelle situation et mauvais état de santé se trouvait sa mère, son ami lui dit :

–Eh bien… tu sais, si les médecins ne savent pas ce qu'à ta mère, … il faudra que tu fasses des recherches. Bon, il faut que j'aille rejoindre le *chœur*…  –lui dit *l'enfant de chœur*, en s'en allant rapidement, il essaya de se glisser et de *manœuvrer* entre les bancs de l'église, afin de s'incorporer au *chœur* par  *l'arrière-chœur* de l'église.

*Mæris* baissa la tête, il avait *l'œil* triste et, en se rappelant les paroles de sa tante, la *bonne sœur*, il pensa : –J'aurai la foi, *Sacré-Cœur*, guide-moi. Dans le fond, on pouvait écouter le c*hœur* de l'église qui entonnait, à plusieurs reprises, des chants *œcuméniques*.

sacré cœur    sacré cœur    sacré cœur    sacré cœur
chœur  chœur    chœur  chœur    chœur  chœur  chœur
sacré cœur    sacré cœur    sacré cœur    sacré cœur
chœur  chœur    chœur  chœur    chœur  chœur  chœur
sacré cœur    sacré cœur    sacré cœur    sacré cœur
chœur  chœur    chœur  chœur    chœur  chœur  chœur
sacré cœur    sacré cœur    sacré cœur    sacré cœur
chœur  chœur    chœur  chœur    chœur  chœur  chœur
sacré cœur    sacré cœur    sacré cœur    sacré cœur
chœur  chœur    chœur  chœur    chœur  chœur  chœur
sacré cœur    sacré cœur    sacré cœur    sacré cœur
chœur  chœur    chœur  chœur    chœur  chœur  chœur
sacré cœur    sacré cœur    sacré cœur    sacré cœur
chœur  chœur    chœur  chœur    chœur  chœur  chœur
sacré cœur    sacré cœur    sacré cœur    sacré cœur
chœur  chœur    chœur  chœur    chœur  chœur  chœur
sacré cœur    sacré cœur    sacré cœur    sacré cœur
chœur  chœur    chœur  chœur    chœur  chœur  chœur
sacré cœur    sacré cœur    sacré cœur    sacré cœur
chœur  chœur    chœur  chœur    chœur  chœur  chœur
sacré cœur    sacré cœur    sacré cœur    sacré cœur
chœur  chœur    chœur  chœur    chœur  chœur  chœur
sacré cœur    sacré cœur    sacré cœur    sacré cœur

Le jour suivant, avant de sortir de la maison, le père de *Mæris* lui dit:

–Jette un petit un *coup d'œil* à ton soulier, prends le lacet, passe-le par *l'œillet* et fais-y un *nœud* bien serré.

–Très bien  –répondit *Mæris*.

–Fils… il y a quelque chose que tu dois savoir, ta mère n'est pas seulement malade, elle est aussi enceinte. Tu auras bientôt  une petite *sœur*, bien sûr, elle est encore très petite. C'est une bonne nouvelle ; bien que, cela complique aussi un peu les choses…  –expliqua son père.

–Comment s'appellera ma petite *sœurette ?*  –demanda *Mæris*.

–Ah çà, nous ne le savons pas encore, on verra bien  - lui répondit son père.

*Mæris* avait à présent d'autres motivations pour continuer ses propres recherches… il voulait découvrir quelle était la maladie de sa mère et aider aussi sa petite

Mœris Mœris Mœris Mœris Mœris Mœris Mœris
sœurette sœurette sœurette sœurette sœurette
Mœris Mœris Mœris Mœris Mœris Mœris Mœris
sœurette sœurette sœurette sœurette sœurette
Mœris Mœris Mœris Mœris Mœris Mœris Mœris
sœurette sœurette sœurette sœurette sœurette
Mœris Mœris Mœris Mœris Mœris Mœris Mœris
sœurette sœurette sœurette sœurette sœurette
Mœris Mœris Mœris Mœris Mœris Mœris Mœris
sœurette sœurette sœurette sœurette sœurette
Mœris Mœris Mœris Mœris Mœris Mœris Mœris
sœurette sœurette sœurette sœurette sœurette
Mœris Mœris Mœris Mœris Mœris Mœris Mœris
sœurette sœurette sœurette sœurette sœurette
Mœris Mœris Mœris Mœris Mœris Mœris Mœris
sœurette sœurette sœurette sœurette sœurette
Mœris Mœris Mœris Mœris Mœris Mœris Mœris
sœurette sœurette sœurette sœurette sœurette
Mœris Mœris Mœris Mœris Mœris Mœris Mœris
sœurette sœurette sœurette sœurette sœurette
Mœris Mœris Mœris Mœris Mœris Mœris Mœris
sœurette sœurette sœurette sœurette sœurette
Mœris Mœris Mœris Mœris Mœris Mœris Mœris
sœurette sœurette sœurette sœurette sœurette
Mœris Mœris Mœris Mœris Mœris Mœris Mœris
sœurette sœurette sœurette sœurette sœurette
Mœris Mœris Mœris Mœris Mœris Mœris Mœris
sœurette sœurette sœurette sœurette sœurette
Mœris Mœris Mœris Mœris Mœris Mœris Mœris
sœurette sœurette sœurette sœurette sœurette
Mœris Mœris Mœris Mœris Mœris Mœris Mœris
sœurette sœurette sœurette sœurette sœurette
Mœris Mœris Mœris Mœris Mœris Mœris Mœris

*sœur*, mais … par où commencer ? Comment rechercher de quelle maladie souffre sa mère ?...

Au même instant, retentit la sonnette, le père de *Mœris* vit qui se trouva derrière la porte grâce à *l'œilleton*,… à *l'œil de bœuf* de la porte d'entrée. C'est le médecin de famille qui arriva pour parler au père de *Mœris*.

–Bonjour… –salua le médecin de famille et commença à parler au père de *Mœris*–. Je reviens à l'instant de la clinique et sans de grandes nouvelles, nous savons qu'elle a une petite insuffisance au *cœur* et que les malaises à l'estomac continuent. Nous savons qu'il ne s'agit pas d'un problème respiratoire, ni d'un *œdème* pulmonaire et elle n'a rien à *l'œsophage*. Nous lui avons suspendu son traitement *d'œstrogènes*, car nous ne voulons pas que celui-ci affecte le *fœtus*, nous lui avons réalisé tous les *électrœncéphalogrammes* correspondants et nous attendons d'autres résultats du labo –dit le médecin de famille.

œil œsophage fœtus cœur cœur fœtus œsophage œil
sœurette sœurette sœurette sœurette sœurette
œil œsophage fœtus cœur cœur fœtus œsophage œil
sœurette sœurette sœurette sœurette sœurette
œil œsophage fœtus cœur cœur fœtus œsophage œil
sœurette sœurette sœurette sœurette sœurette
œil œsophage fœtus cœur cœur fœtus œsophage œil
sœurette sœurette sœurette sœurette sœurette
œil œsophage fœtus cœur cœur fœtus œsophage œil
sœurette sœurette sœurette sœurette sœurette
œil œsophage fœtus cœur cœur fœtus œsophage œil
sœurette sœurette sœurette sœurette sœurette
œil œsophage fœtus cœur cœur fœtus œsophage œil
sœurette sœurette sœurette sœurette sœurette
œil œsophage fœtus cœur cœur fœtus œsophage œil
sœurette sœurette sœurette sœurette sœurette
œil œsophage fœtus cœur cœur fœtus œsophage œil
sœurette sœurette sœurette sœurette sœurette
œil œsophage fœtus cœur cœur fœtus œsophage œil
sœurette sœurette sœurette sœurette sœurette
œil œsophage fœtus cœur cœur fœtus œsophage œil
sœurette sœurette sœurette sœurette sœurette
œil œsophage fœtus cœur cœur fœtus œsophage œil
sœurette sœurette sœurette sœurette sœurette
œil œsophage fœtus cœur cœur fœtus œsophage œil
sœurette sœurette sœurette sœurette sœurette
œil œsophage fœtus cœur cœur fœtus œsophage œil
sœurette sœurette sœurette sœurette sœurette
œil œsophage fœtus cœur cœur fœtus œsophage œil
sœurette sœurette sœurette sœurette sœurette
œil œsophage fœtus cœur cœur fœtus œsophage œil
sœurette sœurette sœurette sœurette sœurette
œil œsophage fœtus cœur cœur fœtus œsophage œil

Mœris avait écouté attentivement et tous ces termes médicaux l'embrouillaient, mais bientôt il commença à se rendre compte que tous ces mots avaient quelque chose en commun, quelque chose qu'il ne pouvait pas encore discerner totalement. Afin de commencer ses recherches, *Mœris* commença à écrire quelques mots dans un petit carnet. Ce jour-là, il alla à la bibliothèque municipale et rentra à la tombée du jour, très fatigué…

–J'ai fait des recherches sur le *cœur*, *l'œsophage* et les *œdèmes*. J'ai trouvé de nombreuses informations sur les *œdèmes* et *myxœdèmes* : cérébraux, pulmonaires, oculaires et même cutanés. *L'œstradiol*, *l'œstriol* et *l'œstrone* sont des *œstrogènes*, ce sont des hormones féminines. C'est un peu compliqué, mais je continuerai à noter et à chercher ailleurs –pensa *Mœris*, pendant qu'il soulignait les mots dans son carnet.

*Mœris*, ne put s'empêcher de sentir un peu de *rancœur*, rien qu'à penser que c'était sa nouvelle *sœurette*, qui portait préjudice à sa mère ; mais bientôt il enleva cette idée de sa tête et se mit à *l'œuvre* pour continuer ses recherches.

–*Mœris !* Demain accompagne-moi au travail, je veux que tu voies quelque chose, nous devons nous lever très tôt -dit le père de *Mœris*…

Le père de *Mœris* était propriétaire d'un magasin spécialisé en vins, une *œnothèque*, il s'occupait toute la journée des clients avec l'aide de sa *consœur*. Il y vendait également certains objets utilisés par les *œnologues* (les spécialistes en vin), des instruments de mesure, tels que des *œnomètres*: qui servent à calculer les *œnométries* (les degrés d'alcool présents dans le vin) et tout le nécessaire pour ceux qui aiment *l'œnologie*, étude de la conservation du vin. *Mœris* était en train de regarder tous les objets de *l'œnothèque* de son père…

Mœris Mœris Mœris Mœris Mœris Mœris. Mœris
œnologie œnologie œnologie œnologie
Mœris Mœris Mœris Mœris Mœris Mœris. Mœris
œnologie œnologie œnologie œnologie
Mœris Mœris Mœris Mœris Mœris Mœris. Mœris
œnologie œnologie œnologie œnologie
Mœris Mœris Mœris Mœris Mœris Mœris. Mœris
œnologie œnologie œnologie œnologie
Mœris Mœris Mœris Mœris Mœris Mœris. Mœris
œnologie œnologie œnologie œnologie
Mœris Mœris Mœris Mœris Mœris Mœris. Mœris
œnologie œnologie œnologie œnologie
Mœris Mœris Mœris Mœris Mœris Mœris. Mœris
œnologie œnologie œnologie œnologie
Mœris Mœris Mœris Mœris Mœris Mœris. Mœris
œnologie œnologie œnologie œnologie
Mœris Mœris Mœris Mœris Mœris Mœris. Mœris
œnologie œnologie œnologie œnologie
Mœris Mœris Mœris Mœris Mœris Mœris. Mœris
œnologie œnologie œnologie œnologie
Mœris Mœris Mœris Mœris Mœris Mœris. Mœris
œnologie œnologie œnologie œnologie
Mœris Mœris Mœris Mœris Mœris Mœris. Mœris
œnologie œnologie œnologie œnologie
Mœris Mœris Mœris Mœris Mœris Mœris. Mœris
œnologie œnologie œnologie œnologie
Mœris Mœris Mœris Mœris Mœris Mœris. Mœris
œnologie œnologie œnologie œnologie
Mœris Mœris Mœris Mœris Mœris Mœris. Mœris
œnologie œnologie œnologie œnologie
Mœris Mœris Mœris Mœris Mœris Mœris. Mœris
œnologie œnologie œnologie œnologie
Mœris Mœris Mœris Mœris Mœris Mœris. Mœris
œnologie œnologie œnologie œnologie
Mœris Mœris Mœris Mœris Mœris Mœris Mœris

–Les noms de ces instruments de mesure sont quelque peu étranges… dit-il, ils s'écrivent aussi avec cette lettre, la même qui apparaît dans mon prénom –dit *Mæris* à son père.

–Ton nom s'écrit avec la ligature *æ* comme beaucoup d'autres mots –dit le père de *Mæris*–, c'est précisément pour cette raison que nous t'avons donné ce prénom qui s'écrit avec la même lettre que s'écrit ma profession : *L'œnologie*, rappelle-toi que je suis un *œnologue*, qui aime son métier. De plus, –*Mæris*– est le nom d'un roi de l'Ancienne Egypte et aussi d'un lac –expliqua le père de *Mæris*.

*Mæris* trouva cela fascinant, de plus il avait écrit dans son carnet d'autres mots, dont il avait remarqué qu'ils s'écrivaient avec cette même lettre présente dans son prénom : la ligature *æ*.

–Quels sont les mots qui s'écrivent avec la ligature *æ* ? – demanda *Mæris*.

Mœris Mœris Mœris Mœris Mœris Mœris Mœris
œ œ œ œ œ œ œ œ œ œ œ
Mœris Mœris Mœris Mœris Mœris Mœris Mœris
œ œ œ œ œ œ œ œ œ œ œ
Mœris Mœris Mœris Mœris Mœris Mœris Mœris
œ œ œ œ œ œ œ œ œ œ œ
Mœris Mœris Mœris Mœris Mœris Mœris Mœris
œ œ œ œ œ œ œ œ œ œ œ
Mœris Mœris Mœris Mœris Mœris Mœris Mœris
œ œ œ œ œ œ œ œ œ œ œ
Mœris Mœris Mœris Mœris Mœris Mœris Mœris
œ œ œ œ œ œ œ œ œ œ œ
Mœris Mœris Mœris Mœris Mœris Mœris Mœris
œ œ œ œ œ œ œ œ œ œ œ
Mœris Mœris Mœris Mœris Mœris Mœris Mœris
œ œ œ œ œ œ œ œ œ œ œ
Mœris Mœris Mœris Mœris Mœris Mœris Mœris
œ œ œ œ œ œ œ œ œ œ œ
Mœris Mœris Mœris Mœris Mœris Mœris Mœris
œ œ œ œ œ œ œ œ œ œ œ
Mœris Mœris Mœris Mœris Mœris Mœris Mœris
œ œ œ œ œ œ œ œ œ œ œ
Mœris Mœris Mœris Mœris Mœris Mœris Mœris
œ œ œ œ œ œ œ œ œ œ œ
Mœris Mœris Mœris Mœris Mœris Mœris Mœris
œ œ œ œ œ œ œ œ œ œ œ
Mœris Mœris Mœris Mœris Mœris Mœris Mœris
œ œ œ œ œ œ œ œ œ œ œ
Mœris Mœris Mœris Mœris Mœris Mœris Mœris
œ œ œ œ œ œ œ œ œ œ œ
Mœris Mœris Mœris Mœris Mœris Mœris Mœris
œ œ œ œ œ œ œ œ œ œ œ
Mœris Mœris Mœris Mœris Mœris Mœris Mœris

–Eh bien…, il y a des mots très courants que tu as certainement déjà vus : *œil, fœtus, nœud, cœur, bœuf, œnologie, œuf, œsophage, œdème, œstrogènes, sœur, chœur, enfant de chœur* et bien d'autres dont je ne me souviens plus –répondit le père.

–*Œillets !* S'écrit aussi avec cette lettre –dit *Mœris* joyeusement.

*Mœris*, commença à écrire tous ces mots dans son carnet, car il se rendait compte qu'il y avait beaucoup d'autres mots où l'on retrouvait cette lettre : le métier de son père, son prénom, des organes du corps, des maladies, des objets, des remèdes…, etc. Peut-être que la maladie dont souffre sa mère s'écrit-elle également avec cette lettre, et en suivant ces mots, pourrait-il arriver à trouver une solution…

–Comment puis-je trouver encore plus de mots écrits avec cette lettre ? Quels sont ces mots ? –demanda *Mœris* à son père.

nœud nœud nœud nœud nœud nœud nœud nœud
nœud nœud nœud nœud nœud nœud
nœud nœud nœud nœud nœud nœud
nœud nœud nœud nœud nœud nœud nœud nœud
nœud nœud nœud nœud nœud nœud nœud nœud nœud
nœud nœud nœud nœud nœud nœud nœud nœud
nœud nœud nœud nœud nœud nœud nœud nœud
nœud nœud nœud nœud nœud nœud nœud nœud
nœud nœud nœud nœud nœud nœud nœud nœud
nœud nœud nœud nœud nœud nœud nœud nœud
nœud nœud nœud nœud nœud nœud nœud nœud
nœud nœud nœud nœud nœud nœud nœud nœud
nœud nœud nœud nœud nœud nœud nœud nœud
nœud nœud nœud nœud nœud nœud nœud nœud
nœud nœud nœud nœud nœud nœud nœud nœud

–La première chose que tu dois faire est de consulter un bon dictionnaire, va à la bibliothèque de la ville –répondit son père.

*Mæris* alla à la bibliothèque municipale et y trouva un grand dictionnaire, en se laissant guider par l'ordre de l'alphabet, après le « o », il trouva ces mots qui commencent avec la ligature *æ* : *œcuménique, œdème, œil, œil-de-bœuf, œillade, œillet, œnologie, œnologique, œnologue, œsophage, œstrogène, œuf, œuvre, œuvrer* et leurs dérivés ; mais comment obtenir plus de mots ? …Plus tard, à la maison, il demanda à son père…

–Papa, comment puis-je trouver d'autres mots qui possèdent cette lettre ?...

–Je ne sais pas, continue à chercher et peut-être que les mots viendront à toi. Quand tu as un grand intérêt pour quelque chose, les informations parviennent jusqu'à toi – répondit le père qui lisait un journal au même moment–. Regarde un peu, tu peux également aller voir cette exposition d'art intitulée : « *Cœurs et œillets* »,

œil de bœuf  œil de bœuf  œil de bœuf  œil de bœuf
œil de bœuf  œil de bœuf  œil de bœuf  œil de bœuf
œil de bœuf  œil de bœuf  œil de bœuf  œil de bœuf
œil de bœuf  œil de bœuf  œil de bœuf  œil de bœuf
œil de bœuf  œil de bœuf  œil de bœuf  œil de bœuf
œil de bœuf  œil de bœuf  œil de bœuf  œil de bœuf
œil de bœuf  œil de bœuf  œil de bœuf  œil de bœuf
œil de bœuf  œil de bœuf  œil de bœuf  œil de bœuf
œil de bœuf  œil de bœuf  œil de bœuf  œil de bœuf
œil de bœuf  œil de bœuf  œil de bœuf  œil de bœuf
œil de bœuf  œil de bœuf  œil de bœuf  œil de bœuf
œil de bœuf  œil de bœuf  œil de bœuf  œil de bœuf
œil de bœuf  œil de bœuf  œil de bœuf  œil de bœuf
œil de bœuf  œil de bœuf  œil de bœuf  œil de bœuf
œil de bœuf  œil de bœuf  œil de bœuf  œil de bœuf
œil de bœuf  œil de bœuf  œil de bœuf  œil de bœuf

peut-être trouveras-tu encore d'autres mots en découvrant ces *œuvres d'art*, il est noté ici que l'artiste insère dans ses *œuvres* des mots écrits avec la ligature *œ*…

Tout deux se regardèrent un instant, en souriant, *Mœris* dit à son père:

—*Œuvres!* Ce mot-là aussi s'écrit avec la ligature *œ*.

A présent, *Mœris* était très attentif et voulait se rendre à l'exposition d'art. Il irait chercher plus de mots, poussé par le *vœu*, le désir de trouver le nom de la maladie dont souffre sa mère, tout comme, l'un ou l'autre remède ou solution pour elle. Il se sentait motivé et stimulé, en réalisant cette recherche incessante…

CŒURS

cœurs et œillets   cœurs et œillets   cœurs et œillets
cœurs et œillets   cœurs et œillets   cœurs et œillets
cœurs et œillets   cœurs et œillets   cœurs et œillets
cœurs et œillets   cœurs et œillets   cœurs et œillets
cœurs et œillets   cœurs et œillets   cœurs et œillets
cœurs et œillets   cœurs et œillets   cœurs et œillets
cœurs et œillets   cœurs et œillets   cœurs et œillets
cœurs et œillets   cœurs et œillets   cœurs et œillets
cœurs et œillets   cœurs et œillets   cœurs et œillets
cœurs et œillets   cœurs et œillets   cœurs et œillets
cœurs et œillets   cœurs et œillets   cœurs et œillets
cœurs et œillets   cœurs et œillets   cœurs et œillets
cœurs et œillets   cœurs et œillets   cœurs et œillets
cœurs et œillets   cœurs et œillets   cœurs et œillets
cœurs et œillets   cœurs et œillets   cœurs et œillets
cœurs et œillets   cœurs et œillets   cœurs et œillets

*A*lchimie Ligature. C'est sous ce nom qu'était connue *l'œuvre* général de cet artiste et « *Cœurs et œillets* », était le nom de sa singulière exposition. C'était exact, le jour de l'inauguration, il y avait des *œuvres d'art* et des gens partout. Dessins, peintures, photographies, art digital… Cet artiste dessinait et peignait sur des feuilles de papier où étaient imprimés de nombreux mots écrits avec la ligature æ. Dans ce cas-ci, le nom de nombreuses fleurs, noms scientifiques en français et/ou en latin. Grâce aux images digitales, on retrouvait dans certaines *œuvres d'art*, l'effet particulier du *trompe-l'œil.*

*Mœris*, ne comprit rien, il y avait de nombreux mots étranges et parsemés de traits et de tâches de couleurs. Il se consacra à écrire également, ces noms de plantes dans son carnet : *phœnix, pœcile, œnanthe, œnothère*. Et de fleurs : *œil de bœuf, œillets, œilletons* y bien d'autres encore…

œuvres d'art  œuvres d'art  œuvres d'art  œuvres d'art
cœurs et œillets  cœurs et œillets  cœurs et œillets
œuvres d'art  œuvres d'art  œuvres d'art  œuvres d'art
cœurs et œillets  cœurs et œillets  cœurs et œillets
œuvres d'art  œuvres d'art  œuvres d'art  œuvres d'art
cœurs et œillets  cœurs et œillets  cœurs et œillets
œuvres d'art  œuvres d'art  œuvres d'art  œuvres d'art
cœurs et œillets  cœurs et œillets  cœurs et œillets
œuvres d'art  œuvres d'art  œuvres d'art  œuvres d'art
cœurs et œillets  cœurs et œillets  cœurs et œillets
œuvres d'art  œuvres d'art  œuvres d'art  œuvres d'art
cœurs et œillets  cœurs et œillets  cœurs et œillets
œuvres d'art  œuvres d'art  œuvres d'art  œuvres d'art
cœurs et œillets  cœurs e  **Œ**  illets  cœurs et œillets
œuvres d'art  œuvres d  art  œuvres d'art  œuvres d'art
cœurs et œillets  cœurs e  œillets  cœurs et œillets
œuvres d'art  œuvres d'art  œuvres d'art  œuvres d'art
cœurs et œillets  cœurs et œillets  cœurs et œillets
œuvres d'art  œuvres d'art  œuvres d'art  œuvres d'art
cœurs et œillets  cœurs et œillets  cœurs et œillets
œuvres d'art  œuvres d'art  œuvres d'art  œuvres d'art
cœurs et œillets  cœurs et œillets  cœurs et œillets
œuvres d'art  œuvres d'art  œuvres d'art  œuvres d'art
cœurs et œillets  cœurs et œillets  cœurs et œillets
œuvres d'art  œuvres d'art  œuvres d'art  œuvres d'art
cœurs et œillets  cœurs et œillets  cœurs et œillets
œuvres d'art  œuvres d'art  œuvres d'art  œuvres d'art
cœurs et œillets  cœurs et œillets  cœurs et œillets
œuvres d'art  œuvres d'art  œuvres d'art  œuvres d'art

Là se trouvait l'artiste, il parlait de son *œuvre*, pendant que l'on servait les *hors-d'œuvre*. *Mœris* mangea quelques sucreries nommées *œil de bœuf*, elles étaient exquises mais quelque peu *écœurantes*, on servit aux invités du Champagne *d'Œuilly*.

*Mœris* trouva de nouveaux mots dans chaque *œuvre d'art*, il les annotait dans son carnet. Après avoir écrit tous ces noms de fleurs et de plantes aquatiques, il alla écouter l'artiste parler de son *chef-d'œuvre*. Celui-ci expliquait que son intérêt principal était une problématique spatiale, le fait que « deux » partage le même espace.

— …C'est pourquoi, je me suis intéressé à ces mots qui s'écrivent avec la ligature *œ*, car, il semble que le « o » et le « e » se partagent, ou se disputent le même espace, fusionnent et enfin, créent une nouvelle identité : la ligature *œ*. Dans mes *œuvres,* je relie les mots avec les images, et je joue avec eux ; c'est une *œuvre* dans laquelle le texte est présent selon les images qui s'y travaillent.

ŒŒ ŒŒ Œ
œuvres d'art œuvres d'art œuvres d'art œuvres d'art
œuvres d'art œuvres d'art œuvres d'art œuvres d'art
ŒŒ ŒŒ Œ
œuvres d'art œuvres d'art œuvres d'art œuvres d'art
œuvres d'art œuvres d'art œuvres d'art œuvres d'art
ŒŒ ŒŒ Œ
œuvres d'art œuvres d'art œuvres d'art œuvres d'art
œuvres d'art œuvres d'art œuvres d'art œuvres d'art
ŒŒ ŒŒ Œ
œuvres d'art œuvres d'art œuvres d'art œuvres d'art
œuvres d'art œuvres d'art œuvres d'art œuvres d'art
ŒŒ ŒŒ Œ

Textes et images se fusionnent, en créant *l'œuvre*…- disait l'artiste, mais *Mœris* voulait connaître des noms de maladies ou de remèdes et demanda à l'artiste…

–Monsieur, existe-t-il certaines maladies qui s'écrivent avec cette lettre ? –demanda *Mœris*.

–Des maladies ? Oui…, certaines maladies, telles que les *œdèmes* ; mais si tu veux savoir quelles sont toutes les autres maladies qui s'écrivent avec la ligature *œ*, c'est très simple, tu dois tout simplement consulter le : *Dictionnaire illustré de la ligature œ* –répondit l'artiste.

–Il existe un dictionnaire illustré, dédié à la ligature *œ ?!* On y trouve tous les mots qui s'écrivent avec cette lettre ?! –demanda *Mœris*, étonné.

–Oui, tu vois…Dans les dictionnaires ordinaires tu trouveras seulement quelques mots, les plus courants, ceux qui s'utilisent fréquemment. Dans les livres spécialisés comme ceux de médecine, tu trouveras les termes médicaux qui s'écrivent avec la ligature *œ* ; dans ceux d'agriculture également, tu y trouveras seulement les termes qui se rapportent à ce domaine en particulier, et quelques mots de plus ; mais dans le *Dictionnaire illustré de la ligature œ*, tu trouveras tous les mots qui s'écrivent avec la ligature œ, les images ainsi que tous les domaines du savoir –lui expliqua l'artiste.

–Et où puis-je trouver ce dictionnaire ? –demanda *Mœris*.

–Ah ! Tu verras bien, je dois m'en aller, mais tu le trouveras certainement dans les bibliothèques, dans certaines librairies, ou cherche sur Internet : *Dictionnaire virtuel illustré de la ligature œ* –répondit l'artiste qui s'en allait déjà…

ŒŒŒŒŒ
ligature œ ligature œ ligature œ ligature œ
ligature œ ligature œ ligature œ ligature œ
ligature œ ligature œ ligature œ ligature œ
ligature œ ligature œ ligature œ ligature œ
ŒŒŒŒŒ
ligature œ ligature œ ligature œ ligature œ
ligature œ ligature œ ligature œ ligature œ
ligature œ ligature œ ligature œ ligature œ
ŒŒŒŒŒ
ligature œ ligature œ ligature œ ligature œ
ligature œ ligature œ ligature œ ligature œ
ŒŒŒŒŒ
ligature œ ligature œ ligature œ ligature œ
ligature œ ligature œ ligature œ ligature œ
ŒŒŒŒŒ

Le lendemain, *Mœris* alla à la bibliothèque municipale et y trouva le *Dictionnaire illustré de la ligature œ*. Il lut longuement et annota dans son carnet tous les noms de maladie qu'il y trouva, et alla rapidement à la clinique les rapporter aux médecins.

–Docteur ! Docteur ! J'ai pensé que la maladie dont souffre ma mère pourrait être notée ici –dit *Mœris*, en montrant son carnet au médecin.

–Voyons voir… –répondit le médecin, à *contrecœur* et un peu contrarié.

Il lut la liste de mots en y jetant un rapide *coup d'œil*. Tout à coup, d'un air étonné, il reconnut la maladie, puisqu'il connaissait déjà certains des symptômes dont souffrait la mère de *Mœris*. Et il s'en alla rapidement…

–Je dois m'en aller, merci pour ton aide –dit le médecin, en acquiesçant de la tête et en lui faisant un *clin d'œil* approbateur.

un coup d'œil  un coup d'œil  un coup d'œil
un coup d'œil  un coup d'œil  un coup d'œil
un coup d'œil  un coup d'œil  un coup d'œil
un coup d'œil  un coup d'œil  un coup d'œil
un coup d'œil  un coup d'œil  un coup d'œil
un coup d'œil  un coup d'œil  un coup d'œil
un coup d'œil  un coup d'œil  un coup d'œil
un coup d'œil  un coup d'œil  un coup d'œil
un coup d'œil  un coup d'œil  un coup d'œil
un coup d'œil  un coup d'œil  un coup d'œil
un coup d'œil  un coup d'œil  un coup d'œil
un coup d'œil  un coup d'œil  un coup d'œil
un coup d'œil  un coup d'œil  un coup d'œil
un coup d'œil  un coup d'œil  un coup d'œil
un coup d'œil  un coup d'œil  un coup d'œil
un coup d'œil  un coup d'œil  un coup d'œil

ŒŒ
ŒŒ
Œ

Quelques jours plus tard, à la clinique, les médecins informèrent le père de *Mœris* que son épouse avait une maladie appelée : *cœliaque*, en plus de l'insuffisance du *cœur* et que bientôt elle s'en remettrait…

–Il s'agissait d'une maladie intestinale, difficile à diagnostiquer qui lui a causé tous ses problèmes. Nous lui avons réalisé une biopsie de l'intestin grêle et avons diagnostiqué la maladie : *cœliaque*. A présent, elle doit prendre quelques médicaments : vitamines et minéraux. Après sa grossesse, nous lui donnerons une *cœnzyme* Q10, pour fortifier son *cœur*. Elle devra changer ses *mœurs* et habitudes alimentaires. Et bientôt elle ira mieux –dit le médecin.

*Mœris*, qui accompagnait son père, vit son carnet de notes, celui qu'il avait montré au médecin et se rendit compte que le nom de la maladie s'y trouvait : *Cœliaque,* et que par ailleurs la solution était de lui donner une *cœnzyme* Q10, et changer ses *mœurs* et habitudes alimentaires…

cœliaque cœliaque cœliaque cœliaque cœliaque
cœur cœur cœur cœur cœur cœur cœur
cœliaque cœliaque cœliaque cœliaque cœliaque
cœur cœur cœur cœur cœur cœur cœur
cœliaque cœliaque cœliaque cœliaque cœliaque
cœur cœur cœur cœur cœur cœur cœur
cœliaque cœliaque cœliaque cœliaque cœliaque
cœur cœur cœur cœur cœur cœur cœur
cœliaque cœliaque cœliaque cœliaque cœliaque
cœur cœur cœur cœur cœur cœur cœur
cœliaque cœliaque cœliaque cœliaque cœliaque
cœur cœur cœur cœur cœur cœur cœur
cœliaque cœliaque cœliaque cœliaque cœliaque
cœur cœur cœur cœur cœur cœur cœur
cœliaque cœliaque cœliaque cœliaque cœliaque
cœur cœur cœur cœur cœur cœur cœur
cœliaque cœliaque cœliaque cœliaque cœliaque
cœur cœur cœur cœur cœur cœur cœur
cœliaque cœliaque cœliaque cœliaque cœliaque
cœur cœur cœur cœur cœur cœur cœur
cœliaque cœliaque cœliaque cœliaque cœliaque
cœur cœur cœur cœur cœur cœur cœur
cœliaque cœliaque cœliaque cœliaque cœliaque
cœur cœur cœur cœur cœur cœur cœur
cœliaque cœliaque cœliaque cœliaque cœliaque
cœur cœur cœur cœur cœur cœur cœur
cœliaque cœliaque cœliaque cœliaque cœliaque
cœur cœur cœur cœur cœur cœur cœur
cœliaque cœliaque cœliaque cœliaque cœliaque
cœur cœur cœur cœur cœur cœur cœur
cœliaque cœliaque cœliaque cœliaque cœliaque

La maladie et la solution étaient –comme s'en doutait *Mœris*– des mots qui étaient écrits avec la ligature *œ*.

Neuf mois plus tard…La mère de *Mœris* allait beaucoup mieux et sa petite *sœur* était déjà née, elle était habillée d'une manière très *tape-à-l'œil*, portant un ensemble avec de nombreux *œillets* en forme de *cœur*.

–*Mœris* ! –dirent ses parents–. As-tu déjà choisi un prénom pour ta *sœurette ?*

–Oui ! –répondit *Mœris*, en sortant son carnet d'un *clin d'œil* et en y jetant un rapide *coup d'œil* -. Je l'ai trouvé dans un dictionnaire très spécial : *le Dictionnaire illustré de la ligature œ*. Papa, maman… Que pensez-vous du prénom : *Clœlia ?*... C'est ainsi que s'appelait une vierge romaine de l'Antiquité…

sœurette sœurette sœurette sœurette sœurette

clœlia clœlia clœlia clœlia clœlia clœlia

sœurette sœurette sœurette sœurette sœurette

clœlia clœlia clœlia clœlia clœlia clœlia

sœurette sœurette sœurette sœurette sœurette

clœlia clœlia clœlia clœlia clœlia clœlia

sœurette sœurette sœurette sœurette sœurette

clœlia clœlia clœlia clœlia clœlia clœlia

sœurette sœurette sœurette sœurette sœurette

clœlia clœlia clœlia clœlia clœlia clœlia

# Clœlia

sœurette sœurette sœurette sœurette sœurette

clœlia clœlia clœlia clœlia clœlia clœlia

sœurette sœurette sœurette sœurette sœurette

clœlia clœlia clœlia clœlia clœlia clœlia

sœurette sœurette sœurette sœurette sœurette

clœlia clœlia clœlia clœlia clœlia clœlia

sœurette sœurette sœurette sœurette sœurette

clœlia clœlia clœlia clœlia clœlia clœlia

sœurette sœurette sœurette sœurette sœurette

clœlia clœlia clœlia clœlia clœlia clœlia

sœurette sœurette sœurette sœurette sœurette

–*Clœlia !* –Dirent ses parents, en se faisant un *clin d'œil* mutuel, et approuvant la décision de *Mœris*…

*M*œris avait appris à avoir confiance en lui, à écouter son *cœur* et à *œuvrer*, sans aucun type de *rancœur*.

# Fin.

Première édition 2007. Deuxième édition 2015.
Texte et illustrations: Jorge A. Rodríguez (JAR)
Jorge A. Rodríguez (JAR) © Copyright 2015 Tous droits réservés
ISBN-13: 978-1511594844
ISBN-10: 1511594845
Email: jarrodriguezve@gmail.com
Facebook: Jorge A. Rodriguez Jar
Twitter: @jar_rodriguez

AUTRES ŒUVRES AUTEUR

MŒRIS ET LE DICTIONNAIRE ILLUSTRÉ DE LA LIGATURE Œ

MŒRIS AU MUSÉE DE LA LIGATURE Œ

MŒRIS ET LE SECRET DE DOLLAR LIGATURE Œ

www.ingramcontent.com/pod-product-compliance
Lightning Source LLC
Chambersburg PA
CBHW040748200526
45159CB00023B/1773